AF194197

Impressum
Verlag: BABADADA GmbH, Nedderfeld 112 , 22529 Hamburg
Geschäftsführer / Verlagsleitung: Harald Hof
Druck: Books on Demand GmbH, In de Tarpen 42, 22848 Norderstedt

Imprint
Publisher: BABADADA GmbH, Nedderfeld 112 , 22529 Hamburg, Germany
Managing Director / Publishing direction: Harald Hof
Print: Books on Demand GmbH, In de Tarpen 42, 22848 Norderstedt, Germany

divide / ділити

186/2

board / дошка

classroom / класна кімната

school yard / шкільний двір

teacher / вчитель

paper / папір

write / писати

pen / ручка

desk / письмовий стіл

ruler / лінійка

book / книга

pupil / учень

satchel

ранець

pencil case

пенал

pencil

олівець

pencil sharpener

точило

rubber

гумка

drawing pad

альбом для малювання

drawing

малюнок

paintbrush

пензель

paint box

коробка фарб

scissors

ножиці

glue

клей

exercise book

зошит

homework

домашнє завдання

number

число

add

додавати

subtract

віднімати

multiply

множити

calculate

рахувати

letter

літера

alphabet

абетка

word

слово

school - школа

text

текст

read

читати

chalk

крейда

lesson

година

register

класний журнал

exam

екзамен

certificate

диплом

school uniform

шкільна форма

education

освіта

encyclopedia

лексикон

university

університет

microscope

мікроскоп

map

карта

paper bin

кошик для паперу

hotel
готель

hostel
турбаза

bureau de change
обмінний пункт

suitcase
валіза

car
автомобіль

language

мова

yes / no

так / ні

Okay

добре

hello

привіт

translator

перекладач

Thank you

дякую

how much does ... cost?

Скільки коштує ...?

I do not understand

Я не розумію

problem

проблема

Good evening!

Добрий вечір!

Good morning!

Доброго ранку!

Good night!

На добраніч!

bye bye

До побачення

direction

напрямок

luggage

багаж

bag

сумка

backpack

рюкзак

guest

гість

room

кімната

sleeping bag

спальний мішок

tent

намет

travel - подорож

tourist information

туристична інформація

beach

пляж

credit card

кредитна картка

breakfast

сніданок

lunch

обід

dinner

вечеря

ticket

квиток

lift

ліфт

stamp

поштова марка

border

межа

customs

митниця

embassy

посольство

visa

віза

passport

паспорт

travel - подорож

aeroplane
літак

ship
корабель

fire engine
пожежна машина

bus
автобус

truck
вантажний автомобіль

motorboat
моторний човен

car
автомобіль

bike
велосипед

ferry

пором

boat

човен

motorbike

мотоцикл

police car

поліцейська машина

racing car

гоночний автомобіль

rental car

автомобіль на прокат

car sharing

спільне користування авто

breakdown truck

евакуатор

refuse truck

сміттєвоз

motor

двигун

fuel

паливо

petrol station

автозаправна станція

traffic sign

дорожній знак

traffic

рух

traffic jam

затор

car park

стоянка

train station

вокзал

tracks

рейки

train

потяг

tram

трамвай

carriage

вагон

transport - транспорт

helicopter

гелікоптер

airport

аеропорт

tower

вежа

passenger

пасажир

container

контейнер

carton

коробка

cart

візок

basket

кошик

take off / land

стартувати / приземлятися

city

місто

village

село

city centre

центр міста

house

дім

cinema
кіно

advert
реклама

street light
вуличний ліхтар

CINEMA

street
вулиця

taxi
таксі

snack shop
кіоск

pedestrian
пішохід

pavement
тротуар

zebra crossing
пішохідний перехід

bin
сміттєве відро

crossing
перехрестя

traffic lights
світлофор

hut
хатина

flat
квартира

train station
вокзал

town hall
ратуша

museum
музей

school
школа

university

університет

bank

банк

hospital

лікарня

hotel

готель

pharmacy

аптека

office

офіс

book shop

книжковий магазин

shop

магазин

florist's

квітковий магазин

supermarket

супермаркет

market

ринок

department store

універмаг

fishmonger's

торговець рибою

shopping centre

торговельний центр

harbour

гавань

park

парк

bench

лава

bridge

міст

stairs

сходи

underground

метро

tunnel

тунель

bus stop

автобусна зупинка

bar

бар

restaurant

ресторан

postbox

поштова скринька

road sign

вулична табличка

parking meter

лічильник паркування

zoo

зоопарк

swimming pool

басейн

mosque

мечеть

farm

ферма

pollution

забруднення
навколишнього
середовища

graveyard

кладовище

church

церква

playground

дитячий майданчик

temple

храм

landscape
ландшафт

leaf
листок

signpost
вказівний стовп

way
шлях

meadow
луг

stone
камінь

tree
дерево

hiker
мандрівник

river
річка

grass
трава

flower
квітка

valley

долина

hill

гора

lake

озеро

forest

ліс

desert

пустеля

volcano

вулкан

castle

замок

rainbow

веселка

mushroom

гриб

palm tree

пальма

mosquito

комар

fly

муха

ant

мурашка

bee

бджола

spider

павук

landscape - ландшафт

beetle

жук

frog

жаба

squirrel

вивірка

hedgehog

їжак

hare

заєць

owl

сова

bird

птах

swan

лебідь

boar

кабан

deer

олень

moose

лось

dam

гребля

wind turbine

вітряк

solar panel

сонячний модуль

climate

клімат

landscape - ландшафт

waiter
офіціант

menu
меню

chair
стілець

soup
суп

pizza
піца

cutlery
столові прилади

tablecloth
скатертина

starter
закуска

main course
друга страва

dessert
десерт

drinks
напої

food
їжа

bottle
пляшка

fast food

фаст-фуд

street food

вулична їжа

teapot

чайник

sugar bowl

цукорниця

portion

порція

espresso machine

еспресо-машина

high chair

високий стільчик

bill

рахунок

tray

піднос

knife

ніж

fork

вилка

spoon

ложка

teaspoon

чайна ложка

serviette

серветка

glass

склянка

plate

тарілка

soup plate

тарілка для супу

saucer

блюдце

sauce

соус

salt cellar

солонка

pepper mill

млин для перцю

vinegar

оцет

oil

масло

spices

спеції

ketchup

кетчуп

mustard

гірчиця

mayonnaise

майонез

special offer
пропозиція

customer
клієнт

dairy
молочні продукти

fruit
фрукти

trolley
візок для покупок

FOR

butcher´s

м'ясний магазин

baker´s

пекарня

weigh

зважувати

vegetables

овочі

meat

м'ясо

frozen food

заморожені продукти

cold meat

ковбасна нарізка

tinned food

консерви

washing powder

пральний порошок

sweets

солодощі

household products

предмети домашнього побуту

cleaning products

мийний засіб

salesperson

продавщиця

till

каса

cashier

касир

shopping list

список покупок

opening hours

часи роботи

wallet

гаманець

credit card

кредитна картка

bag

сумка

plastic bag

поліетиленовий пакет

water

вода

juice

сік

milk

молоко

coke

кола

wine

вино

beer

пиво

alcohol

алкоголь

cocoa

какао

tea

чай

coffee

кава

espresso

еспресо

cappuccino

капучіно

banana

банан

apple

яблуко

orange

апельсин

melon

кавун

lemon

лимон

carrot

морква

garlic

часник

bamboo

бамбук

onion

цибуля

mushroom

гриб

nuts

горішки

noodles

локшина

spaghetti

спагеті

rice

рис

salad

салат

chips

картопля фрі

fried potatoes

смажена картопля

pizza

піца

hamburger

гамбургер

sandwich

бутерброд

cutlet

шніцель

ham

шинка

salami

салямі

sausage

ковбаса

chicken

курка

roast

печеня

fish

риба

porridge oats

вівсяні пластівці

muesli

мюслі

cornflakes

кукурудзяні пластівці

flour

борошно

croissant

круасан

bread roll

булочка

bread

хліб

toast

тостовий хліб

biscuits

печиво

butter

масло

curd

сир

cake

пиріг

egg

яйце

fried egg

яєчня

cheese

сир

ice cream

морозиво

sugar

цукор

honey

мед

jam

мармелад

chocolate spread

нуга-крем

curry

карі

farmhouse
сільський будинок

barn
комора

straw bale
солом'яні тюки

field
поле

horse
кінь

trailer
причіп

foal
лоша

tractor
трактор

donkey
віслюк

sheep
вівця

lamb
ягня

goat
коза

cow
корова

calf
теля

pig
свиня

piglet
порося

bull
бик

goose

гусак

duck

качка

chick

курча

hen

курка

cock

півень

rat

щур

cat

кіт

mouse

миша

ox

віл

dog

собака

doghouse

собача будка

garden hose

садовий шланг

watering can

лійка

scythe

коса

plough

плуг

sickle

серп

hoe

мотика

pitchfork

вила

axe

сокира

wheelbarrow

тачка

trough

корито

milk can

бідон молока

sack

мішок

fence

паркан

stable

хлів

greenhouse

теплиця

soil

ґрунт

seed

насіння

fertilizer

добриво

combine harvester

комбайн

farm - ферма

harvest

пожинати

harvest

урожай

yams

корінь ямсу

wheat

пшениця

soy

соя

potato

картопля

corn

кукурудза

rapeseed

ріпак

fruit tree

плодове дерево

cassava

маніок

cereals

злаки

chimney
димохід

roof
дах

drain pipe
водостічний лоток

window
вікно

garage
гараж

doorbell
дзвінок

door
двері

rubbish bin
відро для сміття

letterbox
поштова скринька

garden
сад

living room
вітальня

bathroom
ванна кімната

kitchen
кухня

bedroom
спальня

child's room
дитяча кімната

dining room
їдальня

floor

підлога

wall

стіна

ceiling

стеля

cellar

підвал

sauna

сауна

balcony

балкон

terrace

тераса

pool

басейн

lawn mower

косарка

sheet

простирало

bedspread

ковдра

bed

ліжко

broom

мітла

bucket

відро

switch

перемикач

wallpaper
шпалери

picture
малюнок

lamp
лампа

shelf
поличка

cupboard
шафа

fireplace
камін

television
телевізор

flower
квітка

cushion
подушка

vase
ваза

sofa
диван

remote control
пульт

carpet

килим

curtain

завіса

table

стіл

chair

стілець

rocking chair

крісло-гойдалка

armchair

крісло

book

книга

blanket

ковдра

decoration

прикраса

firewood

дрова

film

фільм

hi-fi equipment

стереосистема

key

ключ

newspaper

газета

painting

картина

poster

плакат

radio

радіо

notepad

блокнот

hoover

пилосос

cactus

кактус

candle

свічка

microwave oven
мікрохвильова піч

fridge
холодильник

kitchen scales
кухонні ваги

toaster
тостер

detergent
мийний засіб

oven
піч

freezer
морозильне відділення

rubbish bin
відро для сміття

dishwasher
посудомийна машина

cooker
плита

pot
горщик

cast-iron pot
чавунний горщик

wok / kadai
вок / кадай

pan
сковорода

kettle
чайник

steamer

пароварка

baking tray

лист

crockery

посуд

mug

кухоль

bowl

чаша

chopsticks

палички для їжі

ladle

черпак

spatula

лопатка

whisk

вінчик для збивання

strainer

сито

sieve

сито

grater

терка

mortar

ступка

barbecue

барбекю

open fire

багаття

chopping board

дошка

rolling pin

качалка

corkscrew

штопор

can

конзерва

can opener

відкривачка

pot holder

прихватки

sink

раковина

brush

щітка

sponge

губка

blender

міксер

deep freezer

морозильна камера

baby bottle

дитяча пляшка

tap

кран

heating
опалення

shower
душ

towel
рушник

shower curtain
душова завіса

bubble bath
піниста ванна

glass
склянка

bathtub
ванна

washing machine
пральна машина

tap
кран

tiles
плитка

potty
горшок

sink
раковина

toilet

туалет

squat toilet

підлоговий туалет

bidet

біде

urinal

пісуар

toilet paper

туалетний папір

toilet brush

щітка для туалету

toothbrush

зубна щітка

toothpaste

зубна паста

dental floss

нитка для чищення зубів

wash

мити

handheld shower

ручний душ

douche

інтимний душ

basin

таз

back brush

щітка для спини

soap

мило

shower gel

гель для душу

shampoo

шампунь

flannel

мочалка

drain

водостік

cream

крем

deodorant

дезодорант

mirror

дзеркало

hand mirror

косметичне дзеркало

razor

бритва

shaving foam

піна для гоління

aftershave

лосьйон після гоління

comb

гребінь

brush

щітка

hair dryer

фен

hairspray

лак для волосся

makeup

косметика

lipstick

губна помада

nail varnish

лак для нігтів

cotton wool

вата

nail scissors

ножиці для нігтів

perfume

парфум

bathroom - ванна кімната

washbag

косметичка

stool

табурет

weighing scale

ваги

bathrobe

халат

rubber gloves

гумові рукавички

tampon

тампон

sanitary towel

гігієнічні прокладки

chemical toilet

біотуалет

alarm clock
будильник

cuddly toy
м'яка іграшка

toy car
іграшковий автомобіль

rattle
брязкальце

doll's house
ляльковий будиночок

present
подарунок

balloon

повітряна кулька

bed

ліжко

pram

дитячий візок

deck of cards

картярська гра

jigsaw

пазл

comic

комікс

lego bricks

лего цеглинки

building blocks

блоки

action figure

іграшкова фігурка

romper suit

повзунки

Frisbee

фризбі

mobile

мобіле

board game

настільна гра

dice

кубик

model train set

модель залізнична станція

dummy

соска

party

вечірка

picture book

книжка з картинками

ball

м'яч

doll

лялька

play

грати

sandpit

пісочниця

swing

гойдалка

toys

іграшка

video game console

гральна консоль

tricycle

триколісний велосипед

teddy bear

плюшевий мішка

wardrobe

шафа

clothing

одяг

socks

шкарпетки

stockings

панчохи

tights

колготки

scarf
шарф

belt
ремінь

umbrella
парасоля

t-shirt
футболка

boots
чоботи

slippers
домашнє взуття

trainers
кросівки

sandals
сандалі

shoes
взуття

rubber boots
гумові чоботи

underpants
труси

bra
бюстгальтер

vest
нижня сорочка

clothing - одяг

45

body

боді

trousers

штани

jeans

джинси

skirt

спідниця

blouse

блузка

shirt

сорочка

pullover

пуловер

hoodie

светр

blazer

піджак

jacket

куртка

coat

пальто

raincoat

дощовик

costume

костюм

dress

сукня

wedding dress

весільна сукня

suit

костюм

nightgown

нічна сорочка

pyjamas

піжама

sari

сарі

headscarf

головна хустка

turban

чалма

burqa

бурка

kaftan

кафтан

abaya

абая

swimsuit

купальник

trunks

плавки

shorts

шорти

tracksuit

тренувальний костюм

apron

фартух

gloves

рукавички

button

гудзик

glasses

окуляри

bracelet

браслет

necklace

ланцюг

ring

кільце

earring

сережка

cap

шапка

coat hanger

плічка

hat

капелюх

tie

краватка

zipper

застібка-блискавка

helmet

шолом

braces

підтяжки

school uniform

шкільна форма

uniform

уніформа

bib

нагрудник

dummy

соска

nappy

підгузок

office

офіс

filing cabinet
шаф для документів

server
сервер

paper
папір

printer
принтер

monitor
монітор

desk
письмовий стіл

mouse
миша

folder
папка

keyboard
синтезатор

paper bin
кошик для паперу

computer
комп'ютер

chair
стілець

coffee mug

кавовий кухоль

calculator

калькулятор

internet

інтернет

laptop

ноутбук

letter

лист

message

повідомлення

mobile

мобільний телефон

network

мережа

photocopier

копіювальний пристрій

software

програмне забезпечення

telephone

телефон

plug socket

розетка

fax machine

факс

form

бланк

document

документ

buy

купувати

pay

платити

trade

торгувати

money

гроші

USD

dollar

долар

EUR

euro

євро

JPY

yen

ієна

RUB

rouble

рубль

CHF

Swiss franc

франк

CNY

renminbi yuan

юанів женьміньбі

INR

rupee

рупія

cashpoint

банкомат

bureau de change

обмінний пункт

gold

золото

silver

срібло

oil

нафта

energy

енергія

price

ціна

contract

контракт

tax

податок

stock

акція

work

працювати

employee

працівник

employer

роботодавець

factory

фабрика

shop

магазин

police officer
поліцейський

fireman
пожежник

cook
повар

doctor
лікар

pilot
пілот

gardener

садівник

carpenter

столяр

seamstress

швачка

judge

суддя

chemist

хімік

actor

актор

bus driver

водій автобуса

taxi driver

таксист

fisherman

рибалка

cleaning lady

прибиральниця

roofer

покрівельник

waiter

офіціант

hunter

мисливець

painter

художник

baker

пекар

electrician

електрик

builder

будівельник

engineer

інженер

butcher

забійник

plumber

бляхар

postman

листоноша

soldier

солдат

architect

архітектор

cashier

касир

florist

флорист

hairdresser

перукар

conductor

кондуктор

mechanic

механік

captain

капітан

dentist

дантист

scientist

вчений

rabbi

рабин

imam

імам

monk

монах

clergyman

пастор

hammer
молоток

pliers
щипці

screwdriver
викрутка

spanner
гайковий ключ

torch
кишеньковий

digger

екскаватор

toolbox

ящик для інструментів

ladder

драбина

saw

пилка

nails

цвяхи

drill

свердло

repair
ремонтувати

shovel
лопата

Damn!
лайно!

dustpan
совок

paint pot
відро з фарбою

screws
гвинти

musical instruments
музичні інструменти

drum kit
ударна установка

loudspeaker
динамік

double bass
контрабас

trumpet
труба

guitar
гітара

piano

фортепіано

violin

скрипка

bass

бас

timpani

литаври

drums

барабан

keyboard

клавіатура

saxophone

саксофон

flute

флейта

microphone

мікрофон

entrance
вхід

tiger
тигр

cage
клітка

zebra
зебра

animal feed
корм

panda
панда

animals

тварини

elephant

слон

kangaroo

кенгуру

rhino

носоріг

gorilla

горила

bear

ведмідь

camel

верблюд

ostrich

страус

lion

лев

monkey

мавпа

flamingo

фламінго

parrot

папуга

polar bear

білий ведмідь

penguin

пінгвін

shark

акула

peacock

павич

snake

змія

crocodile

крокодил

zookeeper

працівник зоопарку

seal

тюлень

jaguar

ягуар

pony

поні

leopard

леопард

hippo

гіпопотам

giraffe

жираф

eagle

орел

boar

кабан

fish

риба

turtle

черепаха

walrus

морж

fox

лисиця

gazelle

газель

sports
спорт

American football
американський футбол

cycling
їзда на велосипеді

tennis
теніс

basketball
баскетбол

swimming
плавання

boxing
бокс

ice hockey
хокей

football
футбол

badminton
бадмінтон

athletics
легка атлетика

handball
гандбол

skiing
лижні перегони

polo
поло

jump / стрибати

laugh / сміятися

hug / обіймати

walk / йти

sing / співати

dream / мріяти

pray / молитися

kiss / цілувати

write
писати

draw
малювати

show
показувати

push
тиснути

give
давати

take
брати

have

мати

do

робити

be

бути

stand

стояти

run

бігати

pull

тягнути

throw

кидати

fall

падати

lie

лежати

wait

очікувати

carry

носити

sit

сидіти

get dressed

одягати

sleep

спати

wake up

просипатися

look at

дивитися

cry

плакати

stroke

гладити

comb

розчісувати

talk

розмовляти

understand

розуміти

ask

питати

listen

слухати

drink

пити

eat

їсти

tidy up

прибирати

love

любити

cook

варити

drive

їхати

fly

літати

sail

йти під вітрилом

calculate

рахувати

read

читати

learn

вчитися

work

працювати

marry

одружуватися

sew

шити

brush teeth

чистити зуби

kill

убивати

smoke

курити

send

посилати

grandmother бабуся

grandfather дідуся

father батько

mother мати

baby немовля

daughter донька

son син

guest

гість

aunt

тітка

uncle

дядько

brother

брат

sister

сестра

forehead	чоло
eye	око
shoulder	плече
finger	палець
face	обличчя
chin	підборіддя
hand	кисть
breast	груди
leg	нога
arm	рука

baby

немовля

man

чоловік

woman

жінка

girl

дівчина

boy

хлопчик

head

голова

back

спина

belly

живіт

belly button

пуп

toe

палець ноги

heel

п'ята

bone

кістка

hip

стегно

knee

коліно

elbow

лікоть

nose

ніс

bottom

сідниці

skin

шкіра

cheek

щока

ear

вухо

lip

губа

mouth

рот

tooth

зуб

tongue

язик

brain

мозок

heart

серце

muscle

м'яз

lung

легені

liver

печінка

stomach

шлунок

kidneys

нирки

sex

статевий акт

condom

презерватив

ovum

яйцеклітина

semen

сперма

pregnancy

вагітність

menstruation

менструація

vagina

вагіна

penis

пеніс

eyebrow

брова

hair

волосся

neck

шия

hospital
лікарня

ambulance
машина швидкої допомоги

wheelchair
інвалідний візок

fracture
перелом

doctor

лікар

emergency room

відділення швидкої
медичної допомоги

nurse

медсестра

emergency

аварійний випадок

unconscious

непритомний

pain

біль

injury

травма

bleeding

кровотеча

heart attack

інфаркт

stroke

інсульт

allergy

алергія

cough

кашель

fever

лихоманка

flu

грип

diarrhoea

пронос

headache

головна біль

cancer

рак

diabetes

діабет

surgeon

хірург

scalpel

скальпель

operation

операція

CT

KT

x-ray

рентген

ultrasound

ультразвук

face mask

маска

disease

хвороба

waiting room

зал очікування

crutch

милиця

plaster

пластир

bandage

пов'язка

injection

ін'єкція

stethoscope

стетоскоп

stretcher

ноші

clinical thermometer

термометр

birth

народження

overweight

надмірна вага

hospital - лікарня

hearing aid

слуховий апарат

disinfectant

дезінфікуючий засіб

infection

інфекція

virus

вірус

HIV / AIDS

ВІЛ / СНІД

medicine

медицина

vaccination

вакцинація

tablets

таблетки

pill

протизаплідна пігулка

emergency call

екстрений виклик

blood pressure monitor

тонометр

sick / healthy

хворий / здоровий

Help!

Допоможіть!

alarm

сигнал тривоги

assault

напад

attack

атака

danger

небезпека

emergency exit

аварійний вихід

Fire!

Вогонь!

fire extinguisher

вогнегасник

accident

аварія

first-aid kit

аптечка

SOS

СОС

police

поліція

Europe

Європа

North America

Північна Америка

South America

Південна Америка

Africa

Африка

Asia

Азія

Australia

Австралія

Atlantic

Атлантика

Pacific

Тихий океан

Indian Ocean

Індійський океан

Antarctic Ocean

Антарктичний океан

Arctic Ocean

Північний Льодовитий
океан

North Pole

Північний полюс

South Pole
Південний полюс

Antarctica
Антарктика

Earth
Земля

land
суша

sea
море

island
острів

nation
нація

state
держава

clock face

циферблат

hour hand

годинникова стрілка

minute hand

хвилинна стрілка

second hand

секундна стрілка

What time is it?

Котра година?

day

день

time

час

now

зараз

digital watch

цифровий годинник

minute

хвилина

hour

година

Monday / Понеділок
Wednesday / Середа
Friday / П'ятниця
Tuesday / Вівторок
Saturday / Субота
Thursday / Четвер
Sunday / Неділя

yesterday

вчора

today

сьогодні

tomorrow

завтра

morning

ранок

noon

опівдні

evening

вечір

MO	TU	WE	TH	FR	SA	SU
1	2	3	4	5	6	7
8	9	10	11	12	13	14
15	16	17	18	19	20	21
22	23	24	25	26	27	28
29	30	31	1	2	3	4

business days

робочі дні

MO	TU	WE	TH	FR	SA	SU
1	2	3	4	5	6	7
8	9	10	11	12	13	14
15	16	17	18	19	20	21
22	23	24	25	26	27	28
29	30	31	1	2	3	4

weekend

кінець робочого тижня

rain
дощ

rainbow
веселка

wind
вітер

snow
сніг

spring
весна

summer
літо

autumn
осінь

winter
зима

weather forecast

прогноз погоди

thermometer

термометр

sunshine

сонячне світло

cloud

хмара

fog

туман

humidity

вологість повітря

lightning

блискавка

thunder

грім

storm

шторм

hail

град

monsoon

мусон

flood

повінь

ice

лід

January

Січень

February

Лютий

March

Березень

April

Квітень

May

Травень

June

Червень

July

Липень

August

Серпень

September
....
Вересень

October
....
Жовтень

November
....
Листопад

December
....
Грудень

shapes
форми

circle
....
круг

square
....
квадрат

rectangle
....
прямокутник

triangle
....
трикутник

sphere
....
куля

cube
....
куб

white

білий

yellow

жовтий

orange

помаранчевий

pink

рожевий

red

червоний

purple

фіолетовий

blue

синій

green

зелений

brown

коричневий

grey

сірий

black

чорний

a lot / a little

багато / мало

angry / calm

лютий / мирний

beautiful / ugly

гарний / бридкий

beginning / end

початок / кінець

big / small

великий / малий

bright / dark

світлий / темний

brother / sister

брат / сестра

clean / dirty

чистий / брудний

complete / incomplete

завершений /
незавершений

day / night

день / ніч

dead / alive

мертвий / живий

wide / narrow

широкий / вузький

edible / inedible

їстівний / неїстівний

evil / nice

злий / дружній

excited / bored

збуджений / нудьгуючий

fat / thin

товстий / тонкий

first / last

спочатку / востаннє

friend / enemy

друг / ворог

full / empty

повний / порожній

hard / soft

жорсткий / м'який

heavy / light

важкий / легкий

hunger / thirst

голод / спрага

sick / healthy

хворий / здоровий

illegal / legal

незаконний / законний

intelligent / stupid

розумний / дурний

left / right

вліво / вправо

near / far

поруч / далеко

new / used

новий / використаний

nothing / something

нічого / щось

old / young

старий / молодий

on / off

вкл / викл

open / closed

відкрито / закрито

quiet / loud

тихо / гучно

rich / poor

багатий / бідний

right / wrong

правильно / неправильно

rough / smooth

шорсткий / гладкий

sad / happy

сумний / щасливий

short / long

короткий / довгий

slow / fast

повільно / швидко

wet / dry

вологий / сухий

warm / cool

гарячий / холодний

war / peace

війна / мир

opposites - протилежності

числа

0

zero

нуль

1

one

один

2

two

два

3

three

три

4

four

чотири

5

five

п'ять

6

six

шість

7

seven

сім

8

eight

вісім

9

nine

дев'ять

10

ten

десять

11

eleven

одинадцять

12

twelve

дванадцять

13

thirteen

тринадцять

14

fourteen

чотирнадцять

15

fifteen

п'ятнадцять

16

sixteen

шістнадцять

17

seventeen

сімнадцять

18

eighteen

вісімнадцять

19

nineteen

дев'ятнадцять

20

twenty

двадцять

100

hundred

сто

1.000

thousand

тисяча

1.000.000

million

мільйон

languages

English

англійська

American English

американська англійська

Mandarin Chinese

китайська
високочиновницька

Hindi

хінді

Spanish

іспанська

French

французька

Arabic

арабська

Russian

російська

Portuguese

португальська

Bengali

бенгальська

German

німецька

Japanese

японська

I

я

you

ти

he / she / it

він / вона / воно

we

ми

you

ви

they

вони

who?

хто?

what?

що?

how?

як?

where?

де?

when?

коли?

name

ім'я

behind

ззаду

in

в

in front of

перед

over

над

on

на

under

під

beside

біля

between

між

place

місце